An Granatapfelbäumen
reifen köstliche Früchte.

Hohelied 4,12

Einfach paradiesisch!

LECKERE REZEPTE
rund um den Granatapfel

benno

Symbolik

Angeblich hat der Granatapfel 613 Kerne – genauso viele wie es Gesetze im Alten Testament gibt. Wegen der vielen Samenkerne ist der Granatapfel ein Symbol für Leben und Fruchtbarkeit. Im Alten Testament ist er außerdem Zeichen für den Reichtum des Gelobten Landes. Im Hohelied Salomos wird das Wort Granatapfel mehrere Male verwendet, um die Schönheit einer Frau zu untermalen. Weil er süß schmeckt, wird er auch als Metapher für die Liebe verwendet.

Im Schöpfungsbericht verführt die Schlange Adam und Eva dazu, von der Frucht des verbotenen Baumes der Erkenntnis in der Mitte des Gartens zu essen. Diese Frucht wird zwar nicht näher bestimmt, in der christlich-europäischen Vorstellung ist jene verbotene Frucht aber ein (heimischer) Apfel, in der jüdischen Gedankenwelt dagegen wird ein Granatapfel assoziiert.

In der christlichen Symbolik steht die Frucht wegen ihrer zahlreichen Fruchtkerne für die Kirche, die Gemeinschaft der Gläubigen und ihre Einheit im Glauben. Aufgrund dieser Bedeutung taucht der Granatapfel in zahlreichen mittelalterlichen Tafelgemälden auf, besonders in Mariendarstellungen als Verweis auf den Marientitel „Mutter der Kirche". Auf der von Matthias Grünewald 1517/1519 geschaffenen Stuppacher Madonna etwa spielt das Jesuskind mit einem Granatapfel, den ihm seine Mutter Maria reicht. Zugleich symbolisieren seine vielen Kerne aber auch das Ausmaß der Leiden Christi. Ein kombiniertes Marien- und Christussymbol stellt der Granatapfel in dem Gemälde „Madonna della Melagrana" von Sandro Botticelli dar: Maria hält dem Jesuskind einen aufgesprungenen Granatapfel hin. Jesus berührt ihn und schaut in die Ferne, als sähe er seine Passion voraus.

Gesundheit

Dass der Granatapfel für Leben und Schönheit steht, kommt nicht von ungefähr. Tatsächlich sind Granatapfelkerne reich an sekundären Pflanzenstoffen, die das Wachstum unserer Zellen fördern, deren Erneuerung anregen sowie für schöne Haut und ein starkes Immunsystem sorgen. Zudem sind die Kerne reich an B-Vitaminen und Eisen, das wichtig für die Blutbildung ist. Besonders als Radikalenfänger ist der Granatapfel in letzter Zeit zu einer gewissen Berühmtheit gelangt. In zahlreichen Studien wurde belegt, dass seine Antioxidantien wichtige Schutzfunktionen bei einer Reihe von Krankheiten – von Bluthochdruck bis Diabetes – bewirken können. Außerdem beinhalten sie reichlich Kalium, das für die Nerven gut ist, sowie Vitamin C und Pantothensäure. Durch einen hohen Anteil an Phytoöstrogenen wirken sie auch bei Wechselbeschwerden höchst positiv.

Einkauf und Lagerung

Während der Granatapfelsaison von September bis Dezember ist es wichtig, beim Kauf darauf zu schauen, dass die Früchte schwer sind – je schwerer der Granatapfel, desto saftiger ist er. Frische Früchte erkennt man an einer glänzend-leuchtenden Schale. Schrecken Sie nicht vor einigen bräunlichen Flecken zurück – die dürfen vorhanden sein. Auf Druck sollte sie nicht nachgeben. Bei Zimmertemperatur halten sich die Früchte zwei bis drei Wochen. Im Gemüsefach des Kühlschranks mehrere Monate. Die Fruchtkerne lassen sich sogar einfrieren. Dafür erst auf einem flachen Blech anfrieren, danach im Gefrierbeutel ins Eisfach legen. So bleiben sie bis zu sechs Monate frisch.

Verarbeitung

Benötigt man nur den Saft, kann man einen Strohhalm direkt in die Frucht stechen und so aus der Frucht trinken oder den Saft abgießen. Allerdings sollte man dazu die Frucht zuvor kräftig auf einer harten Oberfläche hin und her rollen, um im Inneren die Kerne aufzubrechen. Möchte man an die Kerne herankommen, kann man den Granatapfel halbieren und die Samen herausklopfen oder vierteln und die Samen herauskratzen. Aufpassen sollte man dabei nur auf seine Kleidung – der austretende Saft geht so schwer aus Kleidern heraus, dass man ihn auch zum Färben von Teppichen verwendet. Leichter (und ohne Fruchtspritzer) geht's mit dem Entkernen, wenn man die Granatapfelhälften in einer Schale mit Wasser in kleine Stücke bricht und dann die Kerne herauslöst.

Inhalt

Granatapfel-Basics

Salate und Suppen

Hauptspeisen

Desserts und Süßes

Getränke

Granatapfel-Basics

Granatapfelessig

- 500 ml Weißweinessig
- 2 Granatäpfel
- 1 EL Honig

Für 2 Flaschen

1. Beide Früchte zunächst quer halbieren und die Kerne entfernen.
2. Weißweinessig und Honig in einen großen Kochtopf geben, danach die Granatapfelkerne hinzufügen. Unter Rühren so lange auf dem Herd bei mittlerer Hitze erwärmen (nicht kochen!), bis sich der Honig vollständig aufgelöst hat.
3. Die Flüssigkeit vollständig abkühlen lassen. Anschließend in ein großes Glas füllen, gut verschließen und zwei bis drei Wochen an einem lichtgeschützten Ort reifen lassen.
4. Danach filtern und in dekorative Flaschen abfüllen.
5. An einem kühlen lichtgeschützten Ort hält sich der Granatapfelessig etwa ein halbes Jahr.

Tipp

Am besten etwas länger gelagerte Granatäpfel auswählen, dann schmecken sie besonders süß und aromatisch.

Granatapfel-Rotkohl

- 1 kleiner Rotkohl, (ca. 1 kg)
- Salz
- 1 EL Zucker
- 6 EL Granatapfelessig
- 2 Granatäpfel
- 2 Zwiebeln
- 1 EL Butterschmalz
- 3 Gewürznelken
- 3 Pimentkörner, (angedrückt)
- 1 Glas Johannisbeergelee (225 g)
- 2 TL Speisestärke

1. Rotkohl putzen, vierteln und den Strunk herausschneiden. Kohl in feine Streifen schneiden.
2. In einer Schüssel mit 1 EL Salz, Zucker und Essig kräftig verkneten.
3. 1 Granatapfel halbieren und den Saft auspressen, aus dem zweiten Granatapfel die Kerne herauslösen.
4. Zwiebeln schälen, halbieren und in Streifen schneiden. Schmalz in einem großen Topf erhitzen, Zwiebelstreifen darin 4–5 Minuten glasig dünsten.
5. Rotkohl dazugeben und ebenfalls andünsten.
6. Mit Granatapfelsaft ablöschen. Nelken, Piment und Johannisbeergelee unterrühren und zugedeckt 1 Stunde garen lassen.
7. Speisestärke mit wenig kaltem Wasser glatt rühren, Rotkohl damit leicht binden. Mit Essig und Salz abschmecken.
8. Direkt vor dem Servieren die Granatapfelkerne untermengen.

Herzhafte Granatapfel-Thymian-Soße

Für ca. 1,5 l Demi-glace:

- 2 kg Kalbs- und Rinderknochen in Stücken
- 2 Möhren
- ½ Knollensellerie
- 5 Zwiebeln
- 6 EL Öl
- 100 g Tomatenmark
- 0,75 l trockener Rotwein

Für die Soße:

- 2 Granatäpfel
- 2 Stiele Thymian
- 200 ml Demi-glace
- Salz
- Pfeffer
- Zucker

Demi-glace

1. Knochen waschen und trocken tupfen. Möhren, Sellerie und Zwiebeln schälen, waschen und grob würfeln.
2. Öl in einem großen Bräter erhitzen. Knochen darin bei starker Hitze unter Wenden braun anrösten.
3. Gemüse und Zwiebeln zufügen und mitrösten. Tomatenmark einrühren und anschwitzen.
4. Mit Wein und ca. 4 l Wasser ablöschen, sodass die Knochen bedeckt sind.
5. Aufkochen und bei schwacher Hitze ca. 6 Stunden dickflüssig einköcheln. Dabei mit einer Schaumkelle immer wieder den entstehenden Schaum entfernen.
6. Demi-glace durch ein feines Sieb gießen (= passieren). Mit Salz abschmecken.

Soße

1. Granatäpfel halbieren. Aus 2 Hälften die Kerne herauslösen und 2 Hälften auspressen.
2. Thymian waschen, trocken tupfen, hacken und im Bratfett andünsten. Mit 200 ml Demi-glace und Granatapfelsaft ablöschen.
3. Aufkochen und ca. 10 Minuten köcheln.
4. Granatapfelkerne zugeben. Mit Salz, Pfeffer und Zucker abschmecken.

Granatapfelsirup (Grenadine)

- 6 große Granatäpfel
- 4 Orangen
- 1 Vanilleschote
- 400 g Zucker
- Gewürznelken
- Twist-off-Flaschen

Für 500 ml Sirup

1. Granatäpfel halbieren und 900 ml Saft auspressen. 300 ml Orangensaft auspressen. Beide Säfte durch ein Sieb in einen weiten Topf gießen.
2. Vanilleschote der Länge nach halbieren und das Mark herauskratzen.
3. Zucker, Vanillemark und die -schote zu der Saftmischung geben. Alles einmal aufkochen lassen.
4. Bei mittlerer Hitze 30–40 Min. kochen, bis der Saft dicklich vom Löffel tropft. Dabei immer wieder rühren.
5. Vanilleschote entfernen. Sirup abschäumen, kochend heiß in vorbereitete Flaschen füllen und sofort mit den Deckeln verschließen.
6. Ungeöffnet mindestens 6 Monate haltbar.

Granatapfelmarmelade

- 300 ml Granatapfelsaft
- 60 g Honig
- 60 g Zucker
- 1 TL Ingwer (frisch gerieben)
- 1 Zitrone
- 1 Limette

1. Die Granatäpfel entkernen und die Kerne in einem hohen Topf ohne Wasser langsam erhitzen.

2. Auf kleiner Flamme so lange köcheln, bis sie ordentlich im eigenen Saft stehen. Dabei ab und zu umrühren. Anschließend die Kerne passieren. Das ergibt ca. 700 ml Granatapfelsaft.

4. Den Granatapfelsaft, Honig, Zucker, Ingwer, Zitronen- und Limettensaft in einen hohen Topf geben und ca. 45 Minuten auf kleiner Flamme köcheln lassen. Gegen Ende der Kochzeit regelmäßig umrühren.

5. Wenn die Granatapfelmarmelade fest genug ist, in die vorbereiteten Gläser füllen und verschließen. Ca. 10 Minuten auf den Deckel stellen und anschließend abkühlen lassen. Ungeöffnet mindestens 1 Jahr haltbar.

Tipp

Die Granatapfelmarmelade ist süß-säuerlich. Wer es gerne richtig süß mag, kann den Honig weglassen und die Zuckermenge auf 180 g erhöhen.

Salate und Suppen

Lollo rosso mit Ziegenkäse und Walnüssen

- 100 g Joghurt
- 80 g Lollo rosso Pflücksalat
- 1 Granatapfel
- 1 EL Weißweinessig
- 1 Pkt. Ziegenkäse oder Feta
- 1 Prise Zucker
- Salz und Pfeffer
- Walnüsse

Dressing

1. Den Granatapfel halbieren und den Saft einer Hälfte mit einer Zitronenpresse herauspressen.
2. Aus der zweiten Hälfte die Kerne entfernen und beiseitestellen.
3. In einer Schüssel Granatapfelsaft, Joghurt, Zucker, Essig, Salz und Pfeffer gut verrühren.

Salat

1. Den Plücksalat gründlich waschen und die verfärbten Blättchen entfernen. Danach trockenschütteln oder schleudern und auf einer Salatplatte anrichten.
2. Walnüsse klein hacken, den Ziegenkäse in Würfel schneiden.
3. Salat mit den Granatapfelkernen, den Walnüssen und dem Ziegenkäse bestreuen und das Dressing darauf verteilen.

Feldsalat mit Vinaigrette

- 3 EL Öl
- 1 EL Rotweinessig
- 1 EL Granatapfelsirup
- 1 TL mittelscharfer Senf
- 1 Schalotte
- 200 g Feldsalat
- ½ Bund Petersilie
- 4 EL Granatapfelkerne
- Salz und Pfeffer

4x

Tipp

Ein Rezept für Granatapfelsirup finden Sie auf Seite 16

Vinaigrette

1. Den Sirup, Essig, Senf, Salz und Pfeffer mit drei bis vier Esslöffeln Wasser verrühren.
2. Das Öl mit einer Gabel daruntermischen.
3. Die Schalotte schälen und in feine Würfel schneiden, danach zur Vinaigrette geben.

Salat

1. Den Feldsalat gründlich putzen und waschen. Trockenschütteln oder -schleudern und kurz vor dem Servieren mit der Vinaigrette vermengen.
2. Die Granatapfelkerne am Schluss darüberstreuen.

Granatapfelsalat mit Parmesan

- 1 Granatapfel
- 3 EL Granatapfelessig
- 2 EL Olivenöl
- 1 Birne
- 50 g gemischter Blattsalat
- 20 g Mandelblättchen
- 20 g Parmesan (gehobelt)
- 1 Prise Zucker
- Salz und Pfeffer

Dressing

1. Den Granatapfel halbieren. Die Kerne aus einer Hälfte der Frucht herauslösen, die andere Hälfte auf einer Saftpresse auspressen.
2. Den Granatapfelsaft mit den herausgelösten Kernen, Olivenöl, Essig, Zucker, und etwas Salz und Pfeffer vermischen.

Salat

1. Die Birne in Viertel zerteilen und das Kerngehäuse entfernen. Die Birnenviertel in dünne Scheiben schneiden und zum Dressing geben.
2. Den Blattsalat gründlich waschen und trocknen lassen oder schleudern.
3. Die Mandelblättchen ohne Fett in einer flachen Pfanne goldbraun rösten.
4. Den Salat auf Teller verteilen, mit dem Dressing beträufeln und mit Parmesan, Birnen und Mandeln anrichten.

Salat aus Granatapfel und Rote Bete

- 1 Packung / 500 g vorgegarte Rote Bete
- 2 Granatäpfel
- 7 – 8 EL Olivenöl
- 2 EL Zitronensaft
- 1 TL Chiliflocken
- 3 – 4 Stiele Koriander
- Salz und Pfeffer

6x

1. Rote Bete in kleine Würfel schneiden.
2. Die Granatäpfel halbieren. Einen der beiden auspressen, aus dem anderen die Kerne herauslösen.
3. In einer Schüssel Zitronensaft, Granatapfelsaft und Chiliflocken miteinander verrühren. Etwas Salz und Pfeffer zugeben, dann mit den Granatapfelkernen und der Roten Bete mischen.
4. Den Salat etwa eine halbe Stunde ziehen lassen.
5. Den Koriander waschen und nach dem Trocknen grob hacken. Unter den Salat mischen und das Öl darüberträufeln.
6. Den Salat abschließend noch mit Salz und Pfeffer abschmecken und servieren.

Petersilienwurzelsuppe

- 400 g Petersilienwurzeln
- 80 g Schalotten
- 40 g Butter
- 80 ml Weißwein
- 800 ml Gemüsefond
- 200 ml Schlagsahne
- 2 EL Zitronensaft
- 1 TL Dijon-Senf
- 1 kleiner Granatapfel
- 2 EL Mandelblättchen
- Muskat
- Salz und Pfeffer

1. Die Petersilienwurzeln und die Schalotten schälen. Schalotten klein würfeln, Petersilienwurzeln in etwa 5 mm dicke Scheiben schneiden.
2. In einem großen Kochtopf die Butter schmelzen und die Schalotten darin glasig dünsten. Anschließend die Petersilienwurzeln zugeben und zwei bis drei Minuten dünsten.
3. Das Gemüse mit dem Weißwein ablöschen. Danach mit dem Fond auffüllen, leicht mit Salz und Pfeffer würzen und mit Topfdeckel etwa 20 min garen.
4. Die Sahne hinzufügen und vorsichtig unterrühren.
5. Alles in einen Mixer füllen oder mit dem Pürierstab im Topf mixen, bis eine sämige Konsistenz entsteht.
6. Noch einmal kurz aufkochen und mit Senf, Zitronensaft, wenig Muskat sowie Salz und Pfeffer abschmecken.
7. Mandelblättchen in einer Pfanne (ohne Fett!) rösten, bis sie hellbraun sind.
8. Den Granatapfel halbieren und die Kerne herauslösen. Die Petersilienblätter von den Stielen zupfen und mit dem Wiegemesser grob zerkleinern.
9. Die Suppe vor dem Servieren mit Granatapfelkernen, Mandelblättchen und Petersilie bestreuen.

Linsen-Orangen-Suppe

- 1 Zwiebel
- 2 EL Öl
- 200 g rote Linsen
- 1 TL mildes Currypulver
- 500 ml Orangensaft
- 600 ml Gemüsebrühe
- 1 Granatapfel
- Salz
- Pfeffer
- 1–2 EL Crème fraîche

1. Zwiebel abziehen, fein würfeln und im heißen Öl glasig dünsten. Linsen und Curry zugeben und eine Minute mitdünsten.
2. Orangensaft und Brühe angießen und aufkochen lassen. Zugedeckt bei mittlerer Hitze 15 min köcheln lassen.
3. Granatapfel halbieren, Kerne auslösen. Die Suppe mit dem Schneidstab pürieren, mit Salz und Pfeffer würzen. Crème fraîche unterrühren und mit Granatapfelkernen bestreuen.

Tipp

Currypulver darf nur kurz in der Pfanne mitbraten, da es sonst bitter wird.

Hauptspeisen

Taboulé mit Süßkartoffeln

5x

Taboulé

1. Couscous oder Bulgur in heißer Brühe aufquellen lassen oder dämpfen.

2. Tomaten in kleine Würfel schneiden. Die Kräuter waschen und grob hacken. Die entkernten Datteln der Länge nach in Viertel schneiden.

3. Den abkühlten Couscous (oder Bulgur) nochmals leicht auflockern und Datteln, Tomaten und Kräuter untermischen.

Marinade

1. Den Granatapfel halbieren und die Kerne herauslösen. Die Kerne zum Abtropfen auf ein Sieb geben. Den austretenden Saft in einem separaten Gefäß auffangen, anschließend mit Zitronensaft, fünf Esslöffeln Öl und zwei Esslöffeln Honig vermischen.
2. Die Zwiebel in kleine Würfel und die Chilischote in feine Ringe schneiden. Danach beides und die Granatapfelkerne in die Marinade geben und alles mit Salz und Pfeffer abschmecken.
3. Im Anschluss kann bereits die Hälfte der Marinade mit dem Couscous oder Bulgur vermischt werden.

Süßkartoffeln

1. Den Knoblauch schälen, hacken und mit vier Esslöffeln Öl, zwei Esslöffeln Honig, Zitronenschale sowie Salz und Pfeffer vermischen.
2. Die Süßkartoffeln schälen und in etwa zwei Zentimeter breite Spalten schneiden, anschließend mit der Knoblauchmischung vermischen.
3. Den Backofen auf 175 °C (Ober-/Unterhitze) oder 150 °C (Umluft) vorheizen. Die gewürzten Süßkartoffeln auf einem Backblech verteilen und etwa 20 min backen.
4. Das Taboulé auf einer Servierplatte verteilen und die fertigen Kartoffeln darauf anrichten. Zum Abschluss den Granatapfelsirup über das fertige Taboulé träufeln.

- 200 g Couscous oder Bulgur
- 250 g Tomaten
- 100 g Petersilie
- 30 g Minze
- 20 g Koriander
- 75 g Datteln
- 3 Süßkartoffeln (mittelgroß)
- 1 Granatapfel
- 120 ml Olivenöl
- 4 EL Honig
- Schale und Saft einer Bio-Zitrone
- 1 rote Chilischote
- 1 rote Zwiebel
- 2 Knoblauchzehen
- 2 EL Granatapfelsirup
- Salz und Pfeffer

Tipp

Die übrige Marinade kann als Soße dazu gereicht werden.

Butternusskürbis mit Ziegenkäsefüllung

- 2 Butternusskürbisse (je ca. 900 g)
- 2 EL Olivenöl
- 6 Schalotten
- 3 Knoblauchzehen
- 1 Bio-Limette
- 1 Granatapfel
- 200 g Ziegenkäse (im Block)
- 1 Bund Petersilie
- 12 g Pistazien
- 1 EL Honig
- grobes Meersalz
- Pfeffer

4x

Kürbis

1. Die Kürbisse mit einem scharfen Küchenmesser der Länge nach halbieren. Die Kerne mit einem Löffel entfernen, dann die Hälften mit der Schnittfläche nach oben auf ein Backblech legen.

2. Die Kürbishälften mit dem Olivenöl beträufeln und mit Salz und Pfeffer würzen. Den Backofen auf 200 °C (Ober-/Unterhitze) oder 175 °C (Umluft) vorheizen und den Kürbis etwa 40 min backen.

Füllung

1. Die Schalotten mit Schale der Länge nach halbieren und zusammen mit den Knoblauchzehen nach etwa einer Viertelstunde der Backzeit zum Kürbis auf das Backblech geben.

2. Die Limettenschale sehr fein abraspeln. Anschließend halbieren und den Saft auspressen.

3. Den Granatapfel ebenfalls halbieren, die Kerne herauslösen und beiseitestellen.

4. Den Ziegenkäse in kleine Würfel schneiden, die Petersilie waschen, abtropfen lassen und mit einem Wiegemesser fein hacken.

5. Etwa einen Teelöffel Petersilie zum Garnieren aufheben, den Rest mit den Granatapfelkernen, Käsewürfeln, Pistazien, Limettensaft und -schale und Honig vermischen. Alles mit Salz und Pfeffer abschmecken und abgedeckt beiseitestellen.

6. Den Kürbis aus dem Ofen nehmen und jeweils ca. einen Esslöffel des weichen Fruchtfleischs herausschaben und klein hacken. Knoblauchzehen und Schalotten grob hacken.

7. Kürbisfleisch, Knoblauch und Schalotten zur übrigen Füllung geben und gut miteinander vermischen.

8. Weitere zehn Minuten bei gleichbleibender Temperatur im Ofen backen. Beim Anrichten mit der übrigen Petersilie bestreuen.

Gefüllte Aubergine mit Lamm

- 2 Auberginen
- 3 EL Olivenöl
- 1 Zwiebel
- ½ TL Kreuzkümmel (Cumin), gemahlen
- ½ TL Zimt
- ½ TL Paprikapulver
- Petersilie
- 2 EL Tomatenmark
- 250g Lammhackfleisch
- 15 g Pinienkerne
- 1 Granatapfel
- Salz und Pfeffer

4x

Auberginen

1. Den Backofen auf 225 °C (Ober-/Unterhitze) bzw. 200 °C (Umluft) vorheizen.

2. Die Auberginen längs halbieren und mit etwa zwei Esslöffeln Öl bestreichen. Mit Salz und Pfeffer würzen, dann mit den Schnittflächen nach oben auf ein Backblech legen. Etwa 20 Minuten im Ofen backen.

3. Die Auberginen nach zwanzig Minuten aus dem Ofen nehmen. Die Hackfleischmischung gleichmäßig auf den Hälften verteilen. Bei reduzierter Temperatur (200 °C Ober-/Unterhitze, 175 °C Umluft) weitere zehn Minuten backen.

Füllung

1. Die Zwiebel in kleine Würfel schneiden. Einen Esslöffel Öl in einer Bratpfanne erhitzen. Die Zwiebelwürfel zugeben, zusammen mit den Gewürzen etwa sieben Minuten bei schwacher Hitze andünsten.

2. Die Petersilie waschen und abschütteln. Dann die Blätter von den Stielen zupfen und mit einem Wiegemesser fein hacken. Das Tomatenmark in einer kleinen Schüssel mit zwei Esslöffeln Wasser verrühren.

3. Das Hackfleisch, das angerührte Tomatenmark, die Petersilie und die Pinienkerne in die Pfanne geben und etwa sechs Minuten darin anbraten.

4. Den Granatapfel halbieren, die Kerne herauslösen und kurz vor Ende der Bratzeit zum Hackfleisch geben. Alles mit Salz und Pfeffer abschmecken.

Tipp

Dazu passt Taboulé oder Couscous.

Orientalischer Rinder-Eintopf

- 1,5 kg Rindergulasch
- 500 g Zwiebeln
- 4 Knoblauchzehen
- 300 g Rinderknochen
- 200 ml Wasser
- 3 EL Olivenöl
- Salz und Pfeffer
- 500 g Mangold
- 500 g festkochende Kartoffeln
- 80 g Tomatenmark
- 2 EL Garam Masala
- 1 TL Kurkuma
- 2 EL Rosinen
- 1 Zimtstange
- 4 Kardamomkapseln
- 1 Granatapfel
- 1–2 TL Honig

6x

Tipp

Dazu passt Reis oder Couscous.

1. Zwiebeln und Knoblauch in grobe Stücke schneiden und mit dem Fleisch, den Knochen, Wasser und Olivenöl in einen Bräter geben. Mit Salz und Pfeffer würzen und im vorgeheizten Backofen bei 160 °C (Umluft 145 °C) auf der untersten Schiene 2 Stunden zugedeckt garen.
2. Mangold putzen, dabei die Stiele unbedingt mit verwenden. Kartoffeln schälen und vierteln. Kartoffeln im Salzwasser 5 Minuten garen, in einem Sieb abgießen, abschrecken und abtropfen lassen.
3. Nach Ende der Garzeit Tomatenmark, Garam Masala, Kurkuma, Rosinen, Zimt, Kardamomkapseln, Kartoffeln und Mangold unter das Fleisch mischen und weitere zwei Stunden im Ofen zugedeckt garen lassen.
4. Knochen aus dem Eintopf entfernen und nochmals mit Salz, Pfeffer und Honig abschmecken.
5. Granatapfel halbieren, die Kerne herauslösen und den Eintopf damit bestreuen.

Filet vom Schwein mit Romanasalat

- 2 Romanasalat-Herzen (ca. 140 g)
- 100 ml Milch
- 50 g fettarmer Joghurt
- 60 g Blauschimmelkäse
- 160 g Schweinefilet
- 4 EL Sonnenblumenöl
- 1 Granatapfel
- Salz und Pfeffer

Salat

1. Die einzelnen Blätter von den Salatherzen ablösen, gründlich waschen und in mundgerechte Stücke schneiden.

2. Milch und Joghurt in ein hohes Gefäß geben, dann den Käse in kleinen Stücken hinzufügen. Mit dem Pürierstab zu einer feinen cremigen Masse pürieren und mit Salz und Pfeffer abschmecken.

Schweinefilet

1. Schweinfilets in maximal zwei Zentimeter dicke Scheiben schneiden.

2. Das Sonnenblumenöl in einer flachen Bratpfanne erhitzen. Das Fleisch für zwei bis drei Minuten darin anbraten. Erst dann wenden, wenn die angebratene Seite goldbraun gebraten ist!

3. Nach dem Braten der zweiten Seite mit Salz und Pfeffer würzen, in einem Sieb abtropfen lassen.

4. Kurz vor dem Servieren den Salat mit dem Käsedressing vermischen und auf Teller verteilen. Dann das Schweinefilet darauf anrichten und mit Granatapfelkernen dekorieren.

Seeteufel mit Ingwer

- 4 Seeteufel-Medaillons (je ca. 150g)
- 2 EL Limettensaft
- 2 EL Speiseöl
- 2 Schalotten
- 2 Granatäpfel
- 4 EL Granatapfelsirup
- 400 ml Fischfond
- 1 EL Zitronensaft
- 1 TL brauner Zucker
- 1–2 TL Ingwer, gemahlen
- 50 g kalte Butter
- Salz
- Zitronenpfeffer

1. Seeteufel mit Wasser abspülen, trocken tupfen, mit Limettensaft beträufeln und mit Salz und Zitronenpfeffer würzen.
2. Einen Granatapfel aufschneiden und den Saft mit einer Zitruspresse auspressen. Den zweiten Granatapfel halbieren und die Kerne herauslösen.
3. Öl in einer Pfanne erhitzen, Fisch dazugeben, anbraten, herausnehmen und warm stellen.
4. Schalotten abziehen, würfeln und in dem verbliebenen Bratfett andünsten.
5. Granatapfelsaft, Sirup und Fischfond dazugießen, aufkochen und ca. fünf Minuten köcheln lassen.
6. Soße mit Zitronensaft, Zucker, Salz und gemahlenem Ingwer abschmecken.
7. Butter in Flöckchen unterschlagen, Fisch kurz in die Soße geben und ziehen lassen.
8. Fisch mit der Soße auf Teller anrichten und mit den Granatapfelkernen garnieren.

4x

Entenbrust mit fruchtiger Soße

- 4 Entenbrustfilets (je ca. 200 g)
- 1 Granatapfel
- 300 ml Geflügelfond
- 100 ml Granatapfelsaft
- 1 EL Honig
- 1 TL Speisestärke
- Zitronensaft
- Cayennepfeffer
- Salz und Pfeffer

4x

Tipp

Dazu passt Granatapfel-Rotkraut.

Entenbrust

1. Die Filets gründlich waschen und trocken tupfen. Auf der Hautseite rautenförmig einschneiden.
2. Mit der Haut nach unten in einer Pfanne etwa acht Minuten anbraten, bis sie goldbraun ist. Wenden und auf der Fleischseite weitere fünf Minuten braten. Die Haut dabei gelegentlich mit dem austretenden Fett übergießen.
3. Die Filets aus der Pfanne nehmen und in Alufolie einwickeln. Zehn Minuten ruhen lassen.

Soße

1. Den Granatapfel halbieren und die Kerne herauslösen. Dabei den austretenden Saft auffangen!
2. Die Kerne mit Fond, Granatapfelsaft und Honig in einen Topf geben. Bei mittlerer Hitze auf etwa die Hälfte der ursprünglichen Menge einkochen lassen.
3. Stärke mit etwas kaltem Wasser verrühren, bis keine Klümpchen mehr zu sehen sind. Die Soße abbinden und alles mit Salz und Cayennepfeffer abschmecken.
4. Kurz vor dem Servieren die Entenbrustfilets nochmals in der Pfanne von jeder Seite etwa eine Minute lang knusprig braten. Mit Salz und Pfeffer würzen und in Scheiben schneiden. Mit der Soße übergießen und sofort servieren.

Gefüllte Hähnchenbrustfilets

- 4 Hähnchenbrustfilets
- 4 Scheiben roher Schinken
- 250 g Blattspinat (tiefgefroren)
- 4 Stangen gekochter Spargel
- 1 Granatapfel
- 300 ml Geflügelfond
- 100 ml Granatapfelsaft
- 3 EL Butter
- 2 EL grober Senf
- 1 EL Honig
- 1 TL Speisestärke
- Zitronensaft
- Salz und Cayennepfeffer
- Sahne

Fleisch und Füllung

1. Den Spinat gemäß Packungshinweisen zubereiten. Danach die Flüssigkeit herausdrücken.
2. Die Filets quer einschneiden, aber nicht ganz durchtrennen. Alle Seiten salzen und pfeffern.
3. Das aufgeklappte Filetstück jeweils mit einer Scheibe Schinken belegen und diese mit Senf bestreichen. Eine Stange Spargel in die Mitte legen und Spinat darauflegen.
4. Das Fleisch der Länge nach aufrollen und mit Küchengarn zusammenbinden.
5. In einer Pfanne mit geschmolzener Butter scharf anbraten.
6. Mit Brühe ablöschen und mit Topfdeckel unter mehrmaligem Wenden etwa dreißig Minuten schmoren lassen. Danach die Rouladen aus der Pfanne nehmen und warm stellen.

Tipp

Dazu passt Kartoffelpüree

Soße:

1. Sahne in den Bratenfond gießen und beides zum Kochen bringen. Die Speisestärke mit etwas kaltem Wasser anrühren und die Soße abbinden.
2. Den Granatapfel halbieren, Kerne entfernen und den Saft auffangen. Kerne und Saft zur Soße geben und alles mit Salz und Pfeffer abschmecken.
3. Die Hähnchenbrustfilets aus dem Ofen nehmen und in Scheiben schneiden. Auf Tellern anrichten und mit Soße übergießen.

Desserts und Süßes

Buttermilch-Panna-cotta

- Blätter weiße Gelatine
- 1 Vanilleschote
- 200 ml Schlagsahne
- 6 EL Zucker
- 250 ml Buttermilch
- 2 Granatäpfel

1. Gelatine in kaltem Wasser 5 Min. einweichen. Vanilleschote längs einschneiden und das Mark herauskratzen.
2. Sahne mit Vanilleschote, -mark und 4 EL Zucker aufkochen. Vom Herd nehmen.
3. Gelatine gut ausdrücken und in die heiße Sahne rühren, bis sich die Gelatine vollständig aufgelöst hat. Buttermilch nach und nach einrühren.
4. Alles durch ein Sieb in 4 Förmchen (à ca. 130 ml Inhalt) verteilen und mind. 3 Std. (am besten über Nacht) kalt stellen.
5. Granatäpfel halbieren. 3 der Hälften auspressen. 150 ml Saft mit 2 EL Zucker in einem Topf aufkochen und bei mittlerer bis milder Hitze ca. 10 Min. sirupartig einkochen lassen. Dann vollständig abkühlen lassen.
6. Kerne aus 1 Granatapfelhälfte herauslösen und in eine Schüssel geben. Granatapfelsirup untermischen.
7. Panna-cotta-Förmchen kurz in heißes Wasser tauchen, den Rand mit einem spitzen Messer lösen und die Panna cotta auf Dessertteller stürzen. Mit der Granatapfelsoße servieren.

Crème-brûlée-Dessert

- ½ Tasse Granatapfelsaft
- ⅔ Tasse Zucker
- 1 TL Zitronensaft
- 2 Tassen Sahne
- 1 TL brauner Zucker
- 1 TL Wasser
- 6 Eigelb
- 1 Pkt. Vanillezucker
- 2 EL brauner Zucker
- 1 Handvoll Granatapfelkerne

1. Backofen auf 160 Grad vorheizen.
2. Granatapfelsaft, Zucker und Zitronensaft in einem kleinen Topf auf kleiner Flamme zum Kochen bringen. Die Flüssigkeit auf die Hälfte reduzieren. Dann die Sahne, den braunen Zucker und das Wasser einrühren und kurz aufkochen, bis die ersten kleinen Bläschen entstehen. Den Topf vom Herd nehmen.
3. Eigelb verquirlen und langsam die warme Sahne-Mischung unter ständigem Rühren dazugeben. Die Mischung zurück in den Topf gießen, Vanillezucker dazugeben und alles kräftig miteinander verrühren.
4. Mischung auf 5 Crème-brûlée-Schälchen verteilen. Schälchen auf ein tiefes Backblech stellen und so viel kochendes Wasser auf das Backblech gießen, dass die Förmchen zu ⅓ im Wasser stehen. Das Blech mit den Gläschen für 30 – 35 Minuten in den Ofen schieben.
5. Die Oberfläche sollte fest, die Masse wackelpuddingartig sein. Die Schälchen aus dem Wasserbad nehmen und für 10 Minuten abkühlen lassen, dann abdecken und für mindestens 4 Stunden in den Kühlschrank stellen.
6. Die Schälchen 15 Minuten vor dem Servieren aus dem Kühlschrank nehmen, damit sie Zimmertemperatur erreichen. Mit dem braunen Zucker bestreuen und mit Hilfe eines Brenners eine Karamellkruste zaubern. Mit den Granatapfelkernen dekorieren und servieren!

Granatapfel-Dessert mit Cantuccini

- 2 Granatäpfel
- 1 Orange
- 1 Prise Gewürznelke
- 125 g Zucker
- 12 Cantuccini
- 400 g Magerquark
- 250 g Mascarpone
- 1 Pck. Vanillezucker

1. Granatäpfel halbieren. 3 Hälften auspressen (ergibt ca. 150 ml Saft). Orange heiß waschen und die Hälfte der Schale dünn abschälen. Orange halbieren und auspressen.
2. Säfte und Orangenschale mit 1 Prise Nelke und 50 g Zucker in einem kleinen Topf aufkochen. Bei mittlerer Hitze 12–14 Minuten auf ca. 100 ml sirupartig einköcheln lassen.
3. Orangenschale herausnehmen, auskühlen lassen.
4. Aus übriger Granatapfelhälfte die Kerne herauslösen. Cantuccini grob zerbröseln. Quark, Mascarpone, 75 g Zucker und Vanillezucker glatt rühren.
5. Die Cantuccinibrösel in vier Dessertgläser verteilen und die Hälfte des Sirups gleichmäßig darauf verteilen. Creme ebenfalls in die Gläser verteilen.
6. Die Granatapfelkerne daraufstreuen und mit dem restlichen Sirup beträufeln.

6x

Kalte Granatapfelsuppe

- 2 Granatäpfel
- 4 cl Granatapfelsirup
- 4 Gewürznelken
- 2 EL Honig
- 250 ml Apfelsaft
- 1 unbehandelte Zitrone
- 1 Cantaloupe-Melone
- 2 Papayas

1. Die Granatäpfel halbieren und entkernen. Dabei den Saft auffangen und diesen zusammen mit der Grenadine, den Nelken, Honig und dem Apfelsaft in einen Topf geben und aufkochen lassen.
2. Vom Herd nehmen, den Zitronensaft und -abrieb hinzufügen und auskühlen lassen. Dann die Nelken aus dem Sud entfernen.
3. Die Melone und die Papayas halbieren, entkernen, schälen und grob würfeln. Beides mit dem Sud in einem Mixer geben und fein pürieren.
4. So viel kaltes Wasser zugeben bis eine leicht sämige Suppe entstanden ist (ca. 400 ml).
5. Mindestens eine Stunde kalt stellen. Auf Schüsseln verteilen und mit den Granatapfelkernen garniert servieren.

Granatapfel-Eis am Stil

- 1/2 Granatapfel
- 750 g Wassermelone
- 8 Eisstiele

8x

1. Granatapfelkerne herauslösen. Ca. 250 g Melone in kleine Würfel schneiden. Übriges Fruchtfleisch pürieren.
2. Pürree, Melonenwürfel und Granatapfelkerne mischen und in 8 Eisförmchen (à ca. 75 ml) füllen und ins Eisfach stellen. Nach 1–1 ½ Stunden Stiele in das angefrorene Eis stecken.
3. Mindestens 4 Stunden einfrieren.

Granatapfel-Granité

- 2 Blutorangen
- 2 Limetten
- 5 Granatäpfel
- 200 g Brunch légère classic
- 75 g Zucker
- 1 Pkt. Vanillezucker

1. Blutorangen und Limetten auspressen. Granatäpfel halbieren und entsaften.
2. Blutorangen-, Limonen- und Granatapfelsaft mit dem Brunch mischen. Alles kräftig aufschlagen. Mit Zucker und Vanillezucker abschmecken.
3. In eine Metallschüssel geben und im Gefrierfach ca. 6 Stunden gefrieren lassen.
4. Das Granité herausnehmen, mit einem Löffelstiel grob zerhacken. In sehr gut gekühlte Gläser geben und servieren.

Granatapfel-Tarte

- 100 g Butter
- 200 g Mehl
- 2 EL Zucker
- 1 Pkt. Vanillepuddingpulver
- ½ l Milch
- 40 g Zucker
- 60 g Mandelmus (Reformhaus)
- 250 g Granatapfelkerne
- 1 Pkt. heller Tortenguss
- 125 ml Granatapfelsirup

16 STK

Teig

1. Den Backofen auf 180 Grad, Umluft 160 Grad oder Gas Stufe 3 vorheizen.
2. Weiche Butter, Mehl, Zucker und 3 EL Wasser mit den Knethaken des Handrührers zu einem glatten Teig verkneten.
3. Teig auf einer bemehlten Arbeitsfläche etwas größer als die Form ausrollen und eine gefettete Tarteform (Ø 28 cm) damit auslegen. Den Boden mehrfach mit einer Gabel einstechen und im Ofen etwa 30–35 Minuten goldbraun backen. Den Tarteboden auf einem Gitter abkühlen lassen.

Tipp

Dazu schmeckt Schlagsahne, Vanilleeis oder Vanillejoghurt.

Belag

1. Pudding nach Packungsanweisung mit Milch und Zucker zubereiten und am Schluss das Mandelmus unter den heißen Pudding rühren.
2. Den Pudding 5 Minuten abkühlen lassen. Dann mit einem großen Löffel gleichmäßig auf dem Tarteboden verstreichen. Mit Folie abdecken und ganz abkühlen lassen.
3. Tarte mit den Granatapfelkernen bestreuen.
4. Tortenguss nach Packungsanweisung mit dem Sirup und 125 ml Wasser zubereiten. Unter Rühren etwas abkühlen lassen und dann gleichmäßig auf den Granatapfelkernen verteilen. Fest werden lassen.

Marzipankuchen mit Granatapfelgelee

- 6 Eier
- 200 g Zucker
- 200 g Butter
- 125 g Marzipan-Rohmasse
- 1 Pkt. Vanillezucker
- 2 EL Sherry
- 70 g Mehl
- 2 EL Speisestärke
- 100 g gehackte Mandeln
- Mandelblättchen
- Puderzucker
- 2 Granatäpfel
- 6 Blätter rote Gelatine

Teig

1. Eier trennen. Eigelbe mit der Hälfte des Zuckers schaumig rühren. Butter und zerkleinerte Marzipan-Rohmasse glatt rühren, zusammen mit dem Vanillezucker und Sherry zur Eiercreme geben und gut verrühren.
2. Eiweiße mit restlichem Zucker steif schlagen. Mehl, Stärke und Mandeln mischen. Beides unter die Marzipancreme heben.
3. Die Form einfetten und mit Mandelblättchen ausstreuen. Den Teig einfüllen und mit Mandelblättchen bestreuen. Im vorgeheizten Backofen (180 °C) ca. 1 Std. backen.

Für Springform (24 cm)

Füllung

1. Die Granatäpfel halbieren. Zwei Hälften auspressen, den Saft durchsieben und mit Wasser auf 300 ml auffüllen. Die Gelatine darin einweichen. Aus den beiden anderen Fruchthälften die Kerne herauslösen.

2. Zucker in die Saftmischung geben und bei schwacher Hitze erwärmen, bis die Gelatine sich aufgelöst hat. In eine Schale umfüllen und im Kühlschrank abkühlen lassen. Sobald der Saft etwas geliert (nach ca. 30 Min.), die Granatapfelkerne untermischen.

3. Tortenboden einmal horizontal durchschneiden und mit einem Tortenring umgeben. Gelee auf dem unteren Tortenboden verteilen und im Kühlschrank fest werden lassen.

4. Zum Servieren den oberen Tortenboden daraufsetzen, leicht andrücken und mit Puderzucker bestäuben.

Süßer Birnen-Couscous

- 7 EL brauner Zucker
- 1 Zitrone
- 500 ml Apfelsaft
- 1 Stange Zimt
- 1 Vanilleschote
- 200 g Couscous
- 50 g Haselnüsse (grob gehackt)
- 4 EL Butter
- 4 Birnen
- 1 Prise Zimt
- 200 ml Orangensaft
- 1 Granatapfel
- 10 cl Granatapfelsirup

1. 3 EL braunen Zucker in einer Pfanne karamellisieren. Zitronensaft zugeben, ebenso Apfelsaft, Zimtstange und die Vanille.
2. Couscous in eine Schüssel geben und mit der Saftmischung übergießen. Zugedeckt ca. 20 Minuten quellen lassen.
3. 2 EL Butter in einer Pfanne schmelzen, 3 EL braunen Zucker zugeben und karamellisieren, den Couscous hinzugeben und kurz unter mehrmaligem Schwenken leicht braten. Haselnüsse beimengen.
4. 1 EL Zucker in einer Pfanne karamellisieren, 1 EL Butter darin schmelzen, Birnen in feine Scheiben schneiden und darin schwenken, dann mit dem Orangensaft ablöschen und mit Zimt abschmecken.
5. Granatapfelsirup und die Granatpfelkerne kurz aufkochen lassen. Couscous auf den Tellern verteilen und mit der Granatapfelmischung beträufeln. Mit Birnenscheiben dekorieren und servieren.

Getränke

Granatapfel-Ingwer-Limonade

- 8 EL Granatapfelsaft
- 2 EL Limettensaft
- 1 EL Zuckersirup
- Eiswürfel
- 5–7 EL Ginger Ale
- Limettenscheibe

1. Granatapfelsaft, Limettensaft und Zuckersirup verrühren.
2. Mit den Eiswürfel in ein Glas geben und mit Ginger Ale auffüllen. Mit Limettenscheiben verzieren.

Granatapfel-Erdbeer-Smoothie

- 100 g Rosinen
- 100 ml Orangensaft
- 1 TL Honig
- 2 Tropfen Orangenblütenwasser
- 800 g Erdbeeren
- 3 Granatäpfel

1. Rosinen, Orangensaft, Honig, Orangenblütenwasser und 100 ml Wasser in einem kleinen Topf bei schwacher Hitze ca. 10 Minuten erhitzen. Danach die Mischung durch ein Sieb zurück in den Topf gießen, Sud auf ca. 100 ml zu Sirup einkochen, vom Herd nehmen und auskühlen lassen.

2. Erdbeeren putzen, waschen und in Stücke schneiden. Granatäpfel halbieren. Von einer Hälfte einen dünnen Spalt abschneiden und beiseitelegen. Granatapfelhälften mithilfe einer Zitruspresse auspressen.

3. Granatapfelsaft, Erdbeeren und Sirup fein pürieren. Aus dem Granatapfelspalt die Kerne herauslösen. Smoothies in Gläsern anrichten und mit Granatapfelkernen bestreuen.

Eistee-Sekt

- 1 kleiner Granatapfel
- „Pomegranate Green Tea"
- 2 Flaschen Sekt

1. Granatapfel halbieren, die Kerne herauslösen und in 10 Sektgläser verteilen.

2. In jedes Glas 2–3 TL gut gekühlten "Pomegranate Green Tea" geben und mit Sekt auffüllen.

Für 10 Sektgläser

Tipp

Funktioniert auch mit alkoholfreiem Sekt.

Granatapfel-Ananas-Bowle

- 1 reife Ananas
- 2 Granatäpfel
- 4 cl Orangenlikör
- 2 Flaschen Weißwein
- 1 Flasche trockener Sekt

Für 8 Gläser

1. Ananas schälen, längs vierteln, den harten Strunk entfernen und das Fruchtfleisch in kleine Stücke schneiden.
2. Die Kerne aus 3 Hälften der Granatäpfel herauslösen. Die vierte Hälfte auspressen.
3. Die Ananaswürfel, die Granatapfelkerne und den -saft in einer Bowle-Schüssel mischen und mit dem Orangenlikör beträufeln
4. Zugedeckt etwa 2 Stunden kühl stellen.
5. 1 Flasche Wein dazugeben, umrühren und die Bowle nochmals etwa 1 Stunde kühl stellen.
6. Zum Servieren den restlichen Wein angießen, umrühren und mit Sekt auffüllen.

Cocktail mit Orangensaft

- 1/2 Granatapfel
- 100 ml Cranberrysaft
- 400 ml Orangensaft
- 1 Limette
- 12 cl Wodka
- 12 cl Cointreau
- 600 ml Mineralwasser mit Kohlensäure
- einige Minzblätter
- Eiswürfel oder Crushed Ice

1. Den Granatapfel halbieren und die Kerne herauslösen, Saft dabei auffangen. Granatapfelkerne und -saft, Cranberrysaft, Orangensaft und Limettensaft mischen.
2. In jedes Glas 3–4 Eiswürfel oder Crushed Ice geben. Je 2 cl Wodka und 2 cl Cointreau in die Gläser geben.
3. Saftmischung darauf verteilen und mit je 100 ml Mineralwasser auffüllen.
4. Mit Minzblättern verzieren.

Für 6 Gläser.

Tipp

Dieser Cocktail schmeckt auch alkoholfrei. Ersetzen Sie den Wodka und Cointreau einfach durch 200 ml Ananassaft.

Granatapfel-Likör

- 2–3 reife Granatäpfel
- 1 Vanilleschote
- 300 g weißer Kandiszucker
- 700 ml Wodka

Für ca. 1,2 Liter

1. Die Granatäpfel halbieren und auspressen (ergibt ca. 200 ml).
2. Vanilleschote längs einschneiden und das Mark herauskratzen.
3. Kandiszucker, Vanilleschote, Vanillemark, Granatapfelsaft, Granatapfelkerne und Wodka in einer weithalsigen Flasche (ca. 1,3 – 1,5 l Inhalt) ansetzen. Zugedeckt an einem kühlen Ort 2–3 Wochen stehen lassen, bis sich der Zucker gelöst hat.
4. Fertigen Likör abseihen (Filter oder Mulltuch) und in kleinere Flaschen abfüllen, dabei etwas Platz lassen.
5. An einem kühlen Ort mehrere Wochen haltbar.

Tipp

Funktioniert auch mit Doppelkorn.

Bibliografische Information der Deutschen Nationalbibliothek
Die Deutsche Nationalbibliothek verzeichnet diese Publikation
in der Deutschen Nationalbibliografie; detaillierte bibliografische Daten
sind im Internet über http://dnb.d-nb.de abrufbar.

Besuchen Sie uns im Internet:
www.st-benno.de

Gern informieren wir Sie unverbindlich und aktuell auch in unserem Newsletter zum Verlagsprogramm, zu Neuerscheinungen und Aktionen. Einfach anmelden unter www.st-benno.de

ISBN 978-3-7462-5284-1

Zusammenstellung: Dominique Kreichgauer, Leipzig
Umschlaggestaltung: Rungwerth Design, Düsseldorf
Gesamtherstellung: Arnold & Domnick, Leipzig (A)